难不倒的克克罗

机械里的科学课

这就是汽车

This is the Automobile

克克罗带你认识机械

上尚印像 / 编绘

吉林出版集团股份有限公司
全国百佳图书出版单位

驾！马都跑累了，还要跑多久啊！这也太慢了！

人类对交通工具的探索和发明从未停止。汽车自出现以后，很快超越马车，飞速地发展起来。从近代的蒸汽汽车，再到当代的燃油汽车和新能源汽车，无论是动力、造型，还是安全性，汽车都发生了极大的变化。今天，它已经成为我们身边最常见的交通工具了。

这就是汽车

THIS IS THE AUTOMOBILE

克克罗带你认识机械

发明汽车的先驱者

1672 年，比利时籍传教士南怀仁向清康熙皇帝展示了用蒸汽驱动的玩具车。这是最早设计的汽车。

1769 年，法国人尼古拉斯·古诺制造出第一辆可以运转的三轮蒸汽车。

1805 年，美国人奥利弗·埃文斯发明了第一辆水陆两用的蒸汽车。

1876 年，德国人尼古拉斯·奥托设计并制成了四冲程内燃机。1883 年戴姆勒和迈巴赫改进了这个四冲程内燃机。他们都对汽车的诞生起到了推动作用。

1885 年，德国人卡尔·本茨制造出了靠内燃机驱动的奔驰 1 号三轮汽车，这是世界上第一辆可以实际投入使用的汽车。

1888 年，约翰·邓禄普发明了充气轮胎，将它应用在了自行车上。充气轮胎的应用使自行车在行驶过程中减少了颠簸和冲击，也为后来对汽车轮胎的研发奠定了基础。

从最初的以蒸汽机为动力的蒸汽汽车到今天的汽车，汽车已经走过了二百多年的风风雨雨。从汽车的变化就能看出科技的不断进步。

1891 年，法国潘哈德公司设计出首辆通过变速器（改变汽车运转速度的装置）和链条带动后轮转动的后驱汽车。

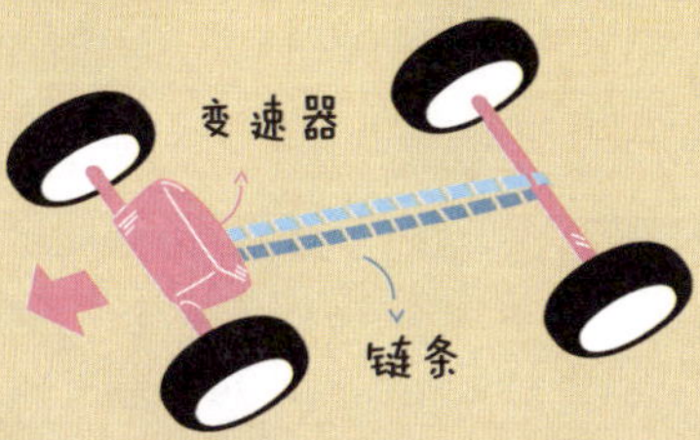

进入 20 世纪，汽车方向盘的基本造型定型为圆形。

1913 年，亨利 · 福特创建了世界上第一条流水生产线，汽车可以批量生产了。

1930—1960 年，庞顿风格的汽车开始批量生产，它是现代汽车造型的先驱。

1934 年，法国雪铁龙公司推出了发动机装在汽车前部，直接驱动前轮行驶的汽车。

1939 年，美国通用汽车公司推出了第一台安装了自动变速器（根据道路行驶情况和载荷情况自动换挡）的汽车。

1962 年，通用汽车公司又推出了首辆安装涡轮增压器（是一种空气压缩机，通过压缩空气增加发动机的输出功率）的汽车。

1968 年，美国规定汽车面向前方的座位均要安装安全带。之后，很多国家也都制定了汽车驾驶员和乘员必须佩戴安全带的规定。

1986 年，美国福特公司推出装配人性化内饰设计和计算机辅助设施的中型汽车——金牛座。

1997 年，日本丰田公司推出了第一款批量生产的油电混合动力汽车——普锐斯。

2008 年，中国比亚迪公司推出了世界上第一款批量生产的插电式混合动力汽车——F3DM。

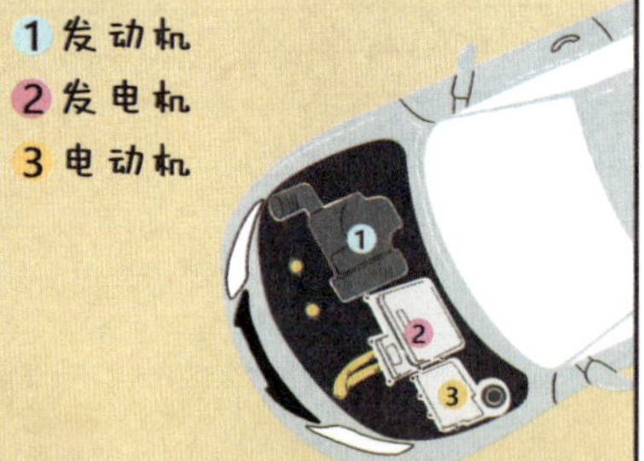

2012 年，谷歌公司完成了无人驾驶汽车的测试。该车没有方向盘、油门及刹车装置。

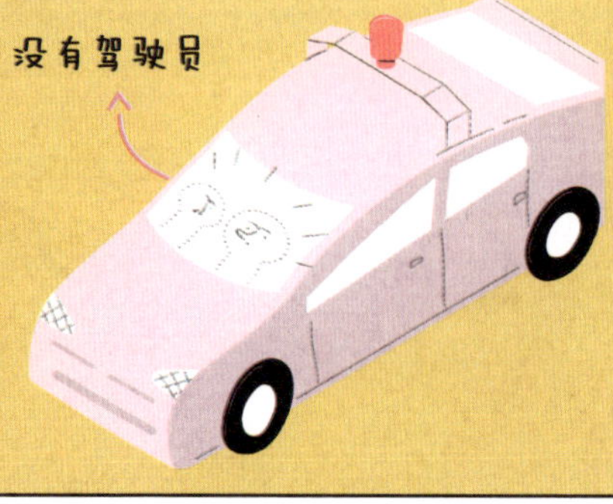

2018 年后，汽车开始装配更多的系统，比如自动刹车系统、车道保持辅助系统等。

克克罗小课堂：汽车之父——卡尔·本茨

卡尔·本茨是德国著名的戴姆勒·奔驰汽车公司的创始人之一。他在 1885 年设计并制造出了第一辆使用内燃机驱动，且能在实际生活中使用的汽车，并于 1886 年 1 月 29 日申请了发明专利，被称为“世界汽车之父”。

我出生于 1844 年，我的父亲是一名火车司机。我很崇拜他，在家庭环境的影响下，我从小便对机械有着浓厚的兴趣，因此我读大学时选择了机械工程专业。

1872 年，我创办了铁器铸造和机械工厂。后来由于经营不善，工厂濒临倒闭。我开始研制发动机，并于 1885 年研制出单缸汽油发动机，制造出了世界上第一辆以汽油为动力的三轮汽车。

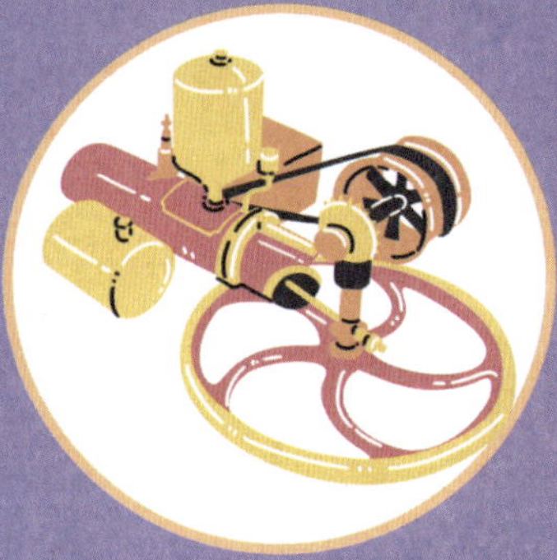

我发明的三轮汽车获得了发明专利。1886 年 1 月 29 日这一天也被称为“汽车诞生日”。但这辆车最初饱受争议，是我妻子勇敢地驾驶它，用实际行动给我鼓励，让我有勇气把汽车做得更好。

越变越酷的车身外形

看到如今汽车漂亮的流线型车身（流线型是指前圆后尖，表面光滑，略像水滴的形状，具有这种形状的物体在运动时所受阻力最小），你能想到，它最原始的车身是马车形状的吗？事实上，汽车车身是经历了复杂的进化过程才变成今天这个样子的。

马车形车身 1

最早的汽车车身是从马车车厢直接“移植”过来的。

箱形车身 2

1915 年，美国福特汽车公司的 T 型车的车身由篷体改为箱体，车身很像一只大箱子，并装有门和窗。

甲壳虫形车身 3

1933 年，德国波尔舍博士把甲壳虫的外形应用到汽车造型上，使“甲壳虫”成为一款经典车型的代名词。

船形车身 4

20 世纪 50 年代，为创造舒适、宽敞的乘坐空间，船形车身的汽车出现了。从此，船形车身成为当代轿车造型的主流。

鱼形车身 5

将船形车身的后窗玻璃逐渐倾斜，变为斜背式，就成了鱼形车身。鱼形车身的优点是车内空间较大，稳定性更好。

楔形车身 6

将鱼形车身整体向前下方倾斜，就成了楔形车身。楔形车身不仅可以减少风的阻力，还可以更好地保护驾驶员的安全，是目前最理想的车身造型。

你喜欢哪些车身造型？

- ☐ 马车形
- ☐ 箱形
- ☐ 甲壳虫形
- ☐ 船形
- ☐ 鱼形
- ☐ 楔形

各种奇特的汽车造型

汽车外形和基本构成

虽然汽车的造型多种多样，但它们的部件基本相同，比如车灯、车门、方向盘和中控显示屏等。

汽车正视图

1 汽车前座椅（主驾驶）　2 发动机舱盖　3 前照灯

4 雾灯　5 进气格栅

汽车后视图

1 车顶天线　2 高位刹车灯　3 组合灯

4 反光条　5 排气管　6 后座椅

请注意，儿童乘坐汽车时要坐在后排的座位上，不能随意触碰任何按钮。

汽车侧视图

1 轮胎
2 轮毂
3 车门
4 燃油箱盖板
5 车门外部开启拉手
6 侧转向灯

汽车内视图

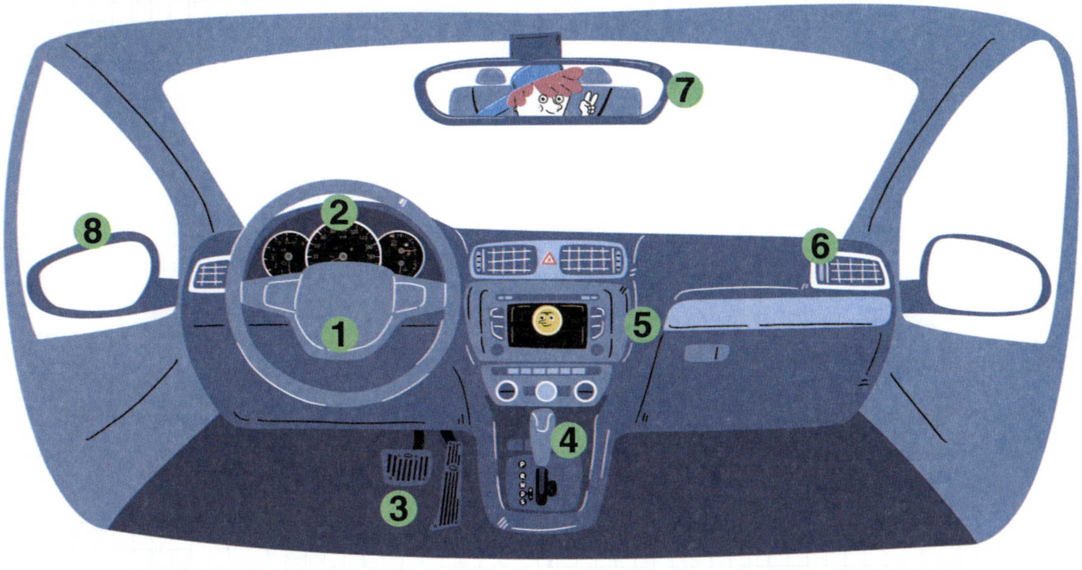

1 方向盘
2 组合仪表
3 踏板
4 用于操作变速器的操纵杆
5 信息娱乐系统
6 空调出风口
7 车内后视镜
8 车外后视镜

汽车里的小秘密

汽车的外部构造并不复杂，它最重要的部分都藏在车身里。一般轿车要由 1 万多个不可拆解的独立零部件组装而成，组装汽车可真是一项了不起的工作！

1 发动机

汽车的动力装置，为汽车提供动力。

2 燃油箱

存放汽油或柴油。

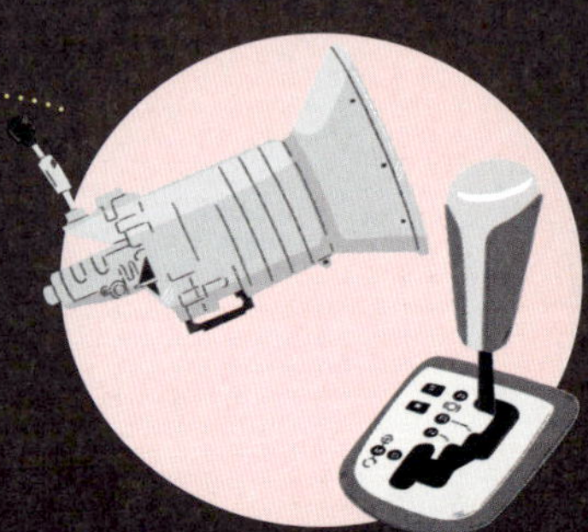

3 变速器

变速器是汽车的动力传动系统，与操纵杆配合使用，可以使汽车在不同的速度区间行驶。

4 踏板

从左至右分别是刹车踏板和油门踏板。

5 手刹

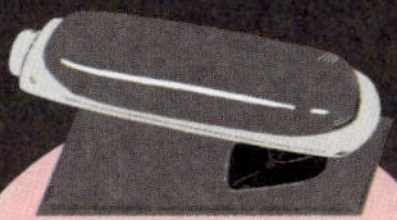

用于停车时制动，防止车辆在无人状态下滑动。

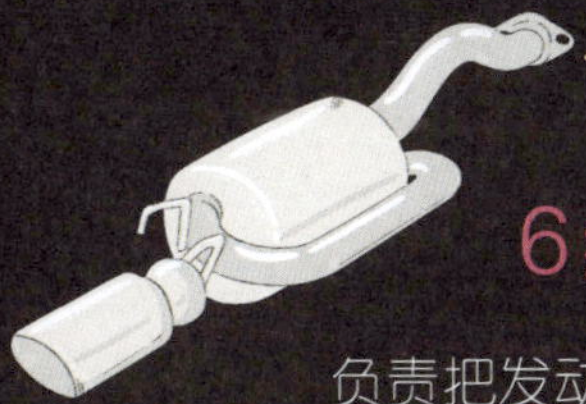

6 排气管

负责把发动机产生的废气从汽车尾部排出。

8 组合仪表

显示油量、车速、发动机转速等各种汽车信息。

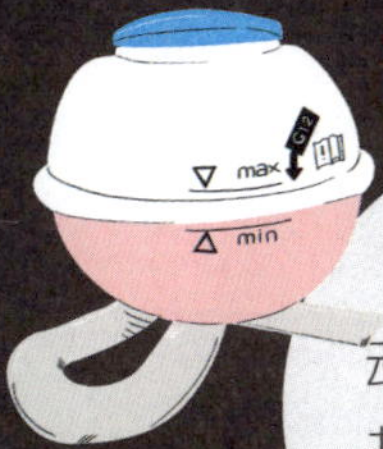

9 冷却液储存器

存放冷却发动机的液体。冷却液有防腐、防冻和散热的功能。

7 蓄电池

为发动机提供启动电流，并为车内其他电器供电。

10 方向盘

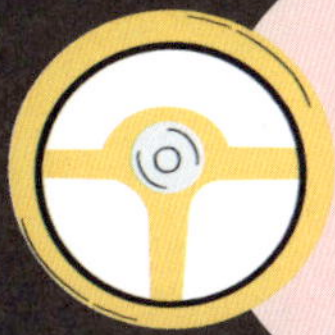

控制汽车行驶方向的工具。

11 水箱

发动机冷却系统内的部件，防止发动机过热而导致汽车出现故障。

13 轮胎

汽车在路面上行驶的重要部件。

12 车灯

车辆行驶时用于照明及发出信号的部件。

14 安全气囊

与安全带配合使用，可以为驾驶员和乘客提供有效的防撞保护。

克克罗时间

当我们在开车时，只能用脚去感觉刹车踏板和油门踏板的位置，设计师把它们设计成一高一低，方便用脚去辨别。在开车时千万不要踩错踏板！

汽车为什么跑得快？

汽车之所以比马车和自行车等交通工具跑得都要快，是因为它有一个强大的动力装置——发动机。

人类跑步的速度一般为5千米/时—10千米/时（“千米/时”是速度单位，1千米/时约等于0.28米/秒）。

自行车的速度一般为18千米/时，但需要人力骑行。

克克罗时间

汽车的类型多种多样，发动机也有许多种类型，按照燃料的不同，可分为柴油发动机、汽油发动机、油电混合发动机等。考虑到环境和能源问题，克克罗认为，以后使用油电混合发动机和电动机的汽车会越来越多的。

汽车发动机的奥秘

发动机是汽车的动力来源，是汽车的“心脏”，一般位于汽车驾驶位的前方。

汽油发动机基本结构图

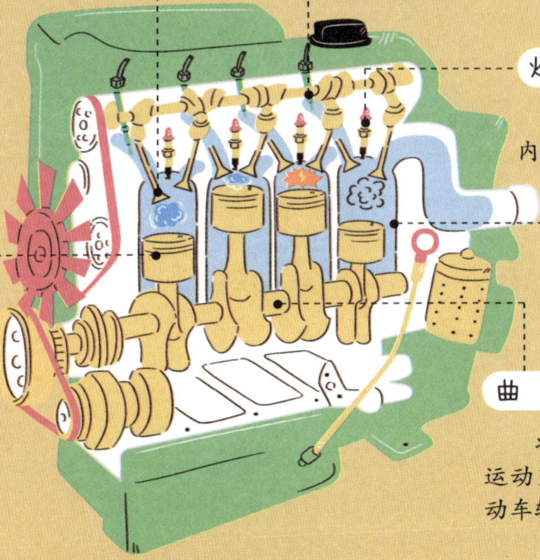

气门

分进气门和排气门。进气门将空气吸入发动机，与燃油混合燃烧。排气门将燃烧产生的废气排出并散热。

喷油器

将液态的燃油变成雾状喷出，与空气混合。

火花塞

产生电火花，点燃发动机内的汽油和空气中的混合物。

气缸

点燃后的混合物在气缸内燃烧膨胀。

活塞

受混合气体燃烧膨胀的推动，带动曲轴运动。

曲轴

将活塞的往复直线运动变成圆周运动，带动车轮转动。

内燃机是将燃料燃烧时放出的热能直接转化为动力的发动机。

四冲程是指要使内燃机连续工作，活塞必须能在气缸内往复运动。活塞在气缸内往复运动时，从气缸的一端运动到另一端的过程，叫一个冲程。四冲程内燃机是由吸气、压缩、做功、排气四个冲程的不断循环来保证连续工作的。

发动机的“心脏”——气缸

气缸的整体工作流程是：燃料进入燃烧室，火花塞点火，燃烧室会发生“爆炸”，带动活塞连杆组做往复运动。一般发动机都是由多个气缸构成的，比如我们经常听到的 4 个气缸、6 个气缸等。

气缸内的“劳模”——活塞连杆组

活塞连杆组是气缸内最辛苦的部件，它的头上不断有“爆炸物”燃烧，脚下还要不停地蹬动曲轴。

克克罗时间

你知道吗，气缸的原理竟来源于大炮！1680 年，荷兰科学家霍因斯受到大炮原理的启发，想要将大炮强大的力量应用于其他机械。于是，他开始向气缸内注入火药。但由于他的实验过程过长，最终没有成功。不过，正是因为他率先提出了这样的设想，才有了后来的发动机。

“开动！”“刹车！”你知道汽车是怎么做到的吗？

汽车的行驶包括汽车的启动和加速，汽车的制动包括汽车的减速和停车。要熟练掌握这些技巧，才能成为一名合格的汽车驾驶员。

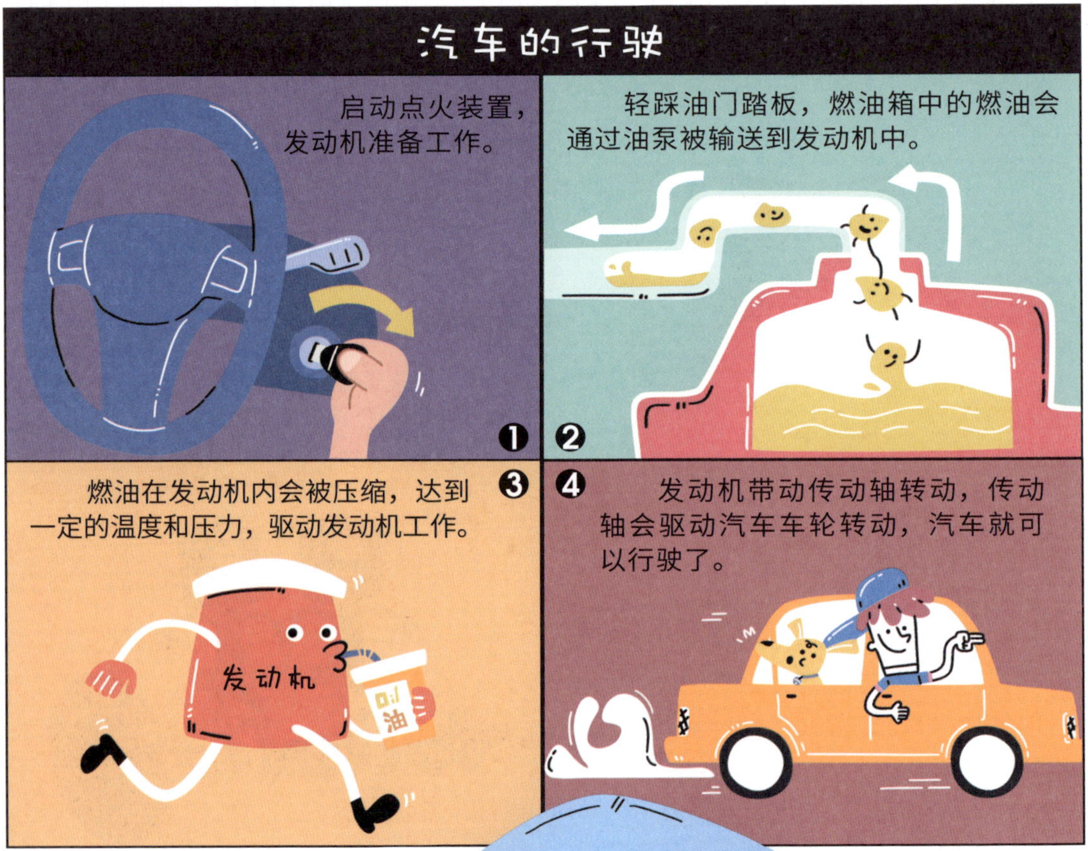

汽车行驶系统

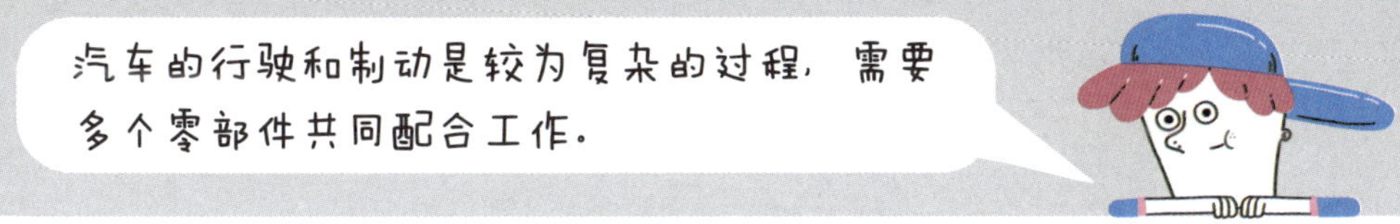

汽车的制动

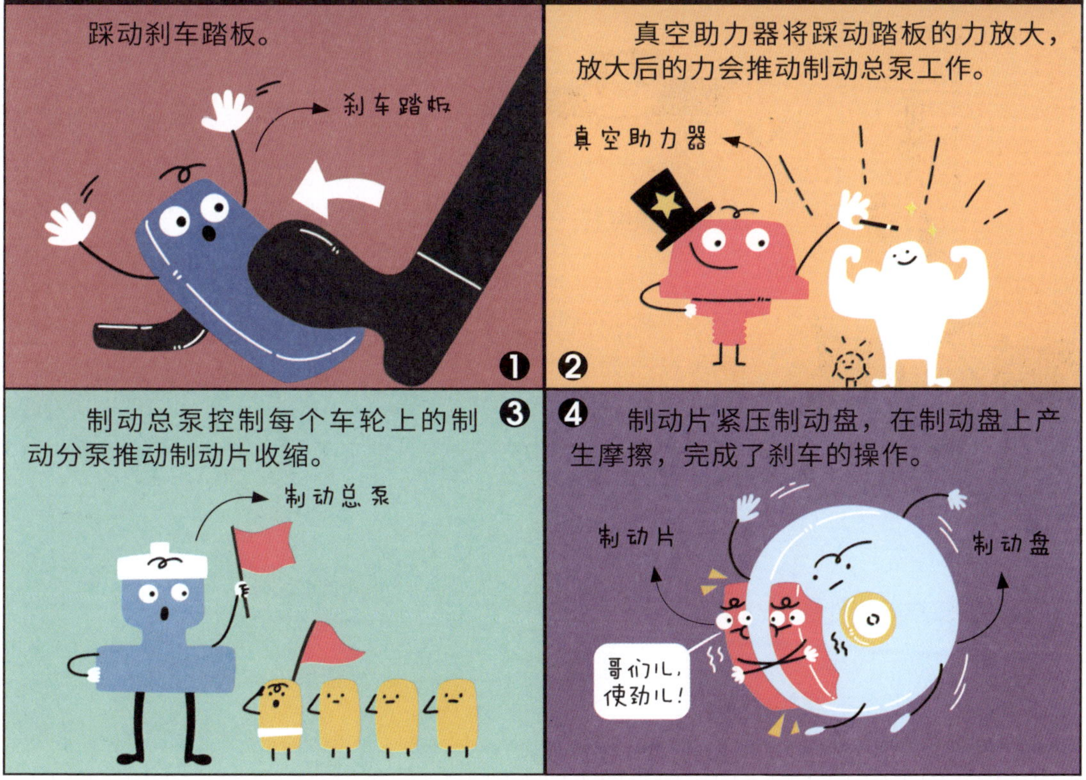

汽车制动系统

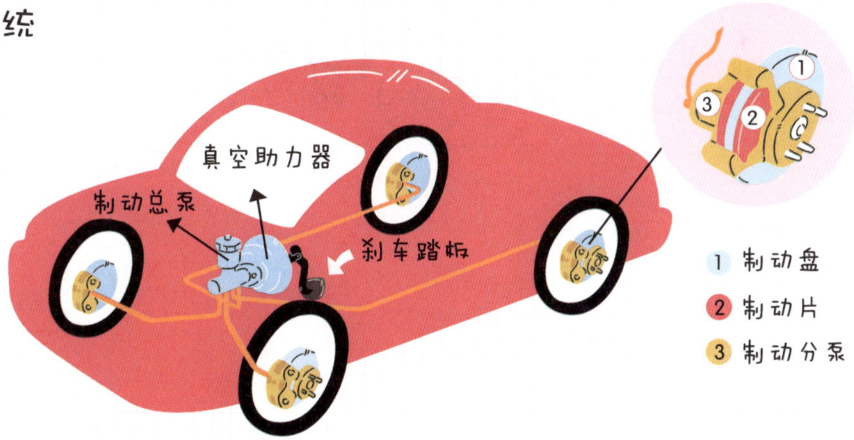

方向盘都是圆的吗？

方向盘是现代汽车的重要组成部件。驾驶员可以通过控制它来让汽车自如地转弯。它也是经过了很长时间的演变，才变成今天这个样子的。

1. 继承马车的转向

在汽车出现之前，马车是人类主要的交通工具。1825 年，英国人哥尔斯瓦底·嘉内制造的蒸汽汽车就是仿照马车的转向方法设计的。

2. 转向操纵杆

1885 年，卡尔·本茨制作了第一辆以汽油为动力的三轮汽车——奔驰 1 号，他设计了单手操作的转向操纵杆，手柄造型来源于轮船的方向舵。另一位工程师戈特利布·戴姆勒制作的四轮汽车，手柄是十字交叉形态的，靠双手控制。

3. 圆形方向盘的诞生

随着发动机的前置，车头重量增加，汽车手柄会把剧烈的振动传导给驾驶员，不利于驾驶，于是手柄操纵杆被改成了圆形方向盘。

4. 方向舵安装方式的变迁

竖直的操纵杆操作起来很不方便。1887 年，德国戴姆勒汽车公司的修理工人因意外将转向柱砸倾斜了。大家发现倾斜的转向柱和方向盘更容易操作，便从 1890 年开始大量生产。

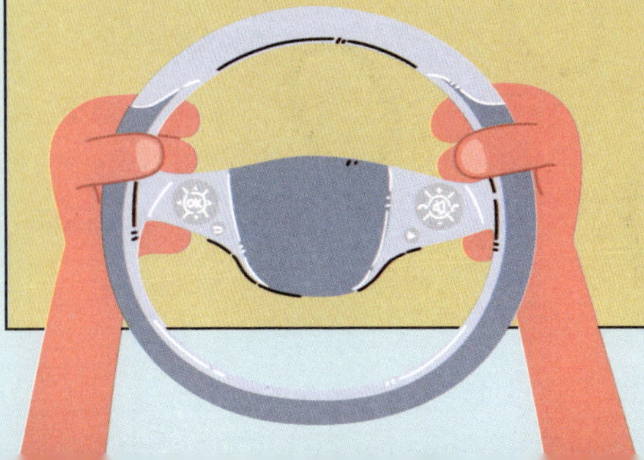

现代汽车方向盘继续采用圆形的整体设计，且上面装配了喇叭和多功能按钮，比如电台切换按钮。此外，方向盘里还安装了安全气囊，充分保障驾驶员的安全。

❶ 1955 年雪铁龙 DS

❷ 1965 年福特 wrist twist 概念车

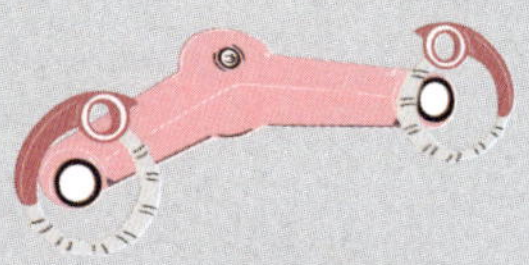

❸ 1967 年道奇 Deora

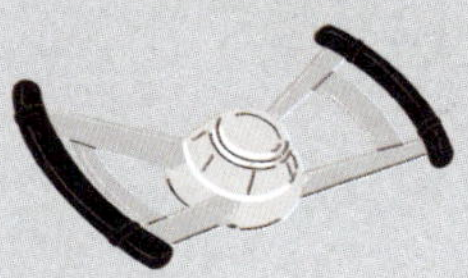

❹ 1985 年马自达 MX-03 概念车

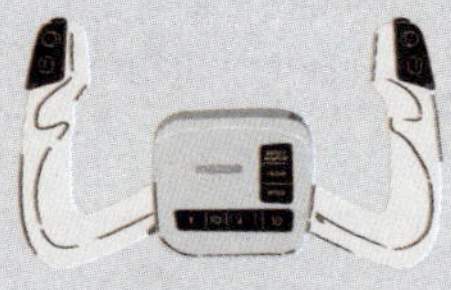

❺ 2012 年本田 EV-Ster 概念车

方向盘是如何带动汽车转向的呢？

如果单纯依靠驾驶员手动转动方向盘，驾驶员操作会非常吃力，所以现在的汽车普遍使用电动助力转向系统。驾驶员转动方向盘时，转向柱会跟着转动，并将转向指令通过电机传递给转向齿轮，从而带动轮胎转动。

电动助力转向系统

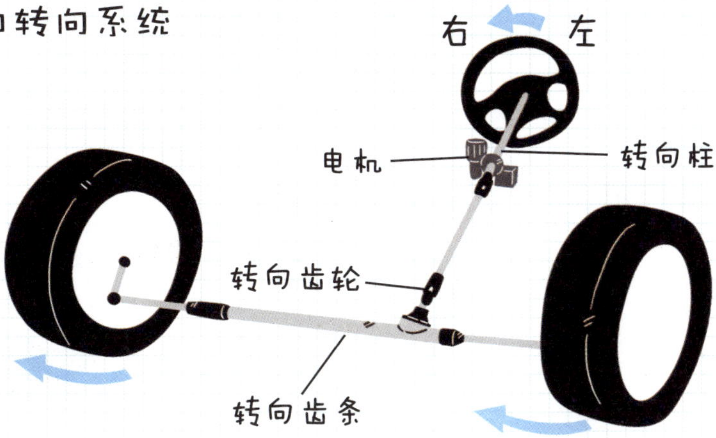

汽车轮胎进化史

汽车要想自如地行驶，需要轮胎来帮忙。如今的轮胎用橡胶制成，无论是制作技术还是性能，都比早期的钢铁轮胎和实心轮胎要好多了。它的进化过程也是很复杂的。为此，许多设计师度过了无数个不眠之夜用心研发。

1 早期的钢铁轮胎

早期的汽车轮胎是由钢铁制成的。钢轮汽车行驶起来颠簸得厉害，乘坐的舒适度并不好。

2 实心硫化橡胶轮胎

1839 年，美国查尔斯 · 古德伊尔发明了硫化橡胶。硫化橡胶也叫熟橡胶，是在生橡胶里加硫黄、炭黑等，经高压加热后制成的，不变黏，不易折断。从这以后，硫化橡胶轮胎开始在各种车辆上广泛应用，但当时的轮胎都是实心的。

3 充气轮胎

邓禄普发明的充气轮胎没有内胎，结构简单，比实心轮胎轻，有利于车辆的轻量化，能让车子跑得更快。但邓禄普发明充气轮胎其实是想让他的儿子更舒适、快速地骑自行车。

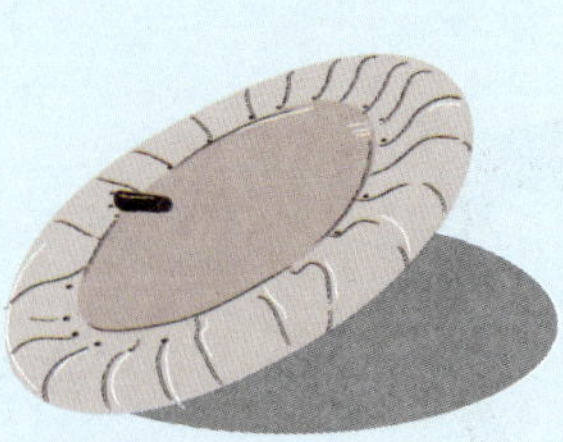

4 汽车首次使用充气轮胎

1895 年，在一次检验汽车性能的盛会上，米其林兄弟使用装配充气轮胎的汽车参加比赛，最终坚持到了终点。从此，充气轮胎开始正式应用于汽车。

5 米其林子午线轮胎

1946 年，米其林公司发明了举世闻名的子午线轮胎（胎体帘线层与轮胎圆周垂直，排列得像地球的子午线，俗称“钢丝轮胎”）。子午线轮胎有更好的缓冲能力和附着力。在汽车高速行驶时，轮胎耐磨，滚动阻力小。

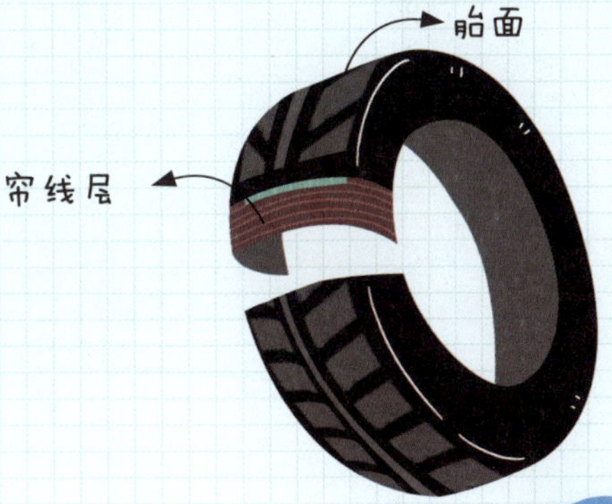

6 真空轮胎

如今，汽车上使用的轮胎均为真空轮胎。真空轮胎具有较高的弹性和耐磨性，并有良好的附着力和散热性能，经济耐用。

克克罗时间

雪地胎是专门为应对寒冷天气设计的轮胎，专用于雪地及结冰的路面，可以使汽车减少打滑。雪地胎相比夏季轮胎拥有更多细小的纹路，可以增加车辆行驶在冰雪路面时的摩擦力。

汽车的“眼睛”会说话

车灯是汽车的“眼睛”，既是汽车在夜间行驶的照明工具，也是汽车发出行驶信号的提示工具。汽车的车灯分为前后两个部分，每部分车灯用处都不一样，对此你了解多少呢？

前照灯、前示宽灯、转向灯 1

前照灯：分为远光灯和近光灯，主要用于照亮车前的道路，保证行车安全。
前示宽灯：显示车的宽度，以提示对向车辆。
转向灯：在汽车转向前开启，使其他车辆和行人了解驾驶员的行驶意图。

近光灯一般在照明条件较好的情况下使用。远光灯比近光灯更亮，也照得更远，能让驾驶员看得更清楚。可是，远光灯也有缺点，它的光线实在太强了，会使对向来车的驾驶员无法看清路面，无法判断我方车辆的准确位置，增加了发生意外的概率。

2 倒车灯、刹车灯、后示宽灯

倒车灯：用于照亮车后的道路，并告知后方车辆和行人，车辆正在倒车，注意避让。
刹车灯：车灯光为红色时表示行驶中的汽车正在减速或停留。
后示宽灯：提示后方车辆超车时注意车辆宽度，避免出现事故。

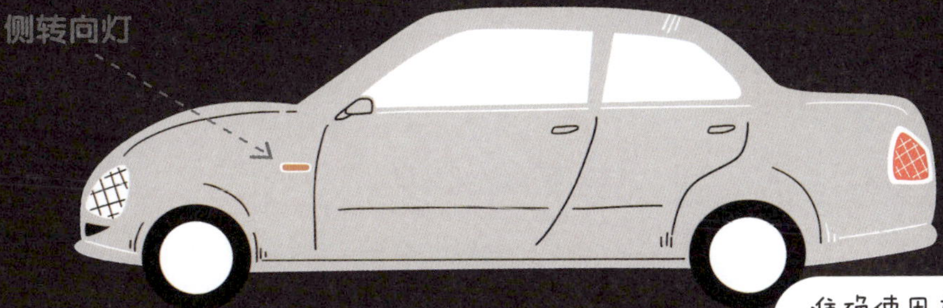

克克罗时间

危险报警闪光灯，俗称“双闪”，用于提醒其他车辆和行人注意本车发生了特殊情况。一般在汽车发生故障或在能见度较低的环境行驶时，驾驶员需要开启危险报警闪光灯。如果汽车在高速公路上发生故障，应先将车停在紧急停车带内，及时开启危险报警闪光灯，在距离故障车后方150米处设置危险警告标识，并迅速报警。

汽车的“力气”从哪儿来？

大部分汽车都以汽油或柴油为燃料。为了保护环境，我们需要更加环保的新能源汽车。相信在不久的将来，油电混合动力车、纯电动车，甚至太阳能汽车、氢气汽车会代替传统的燃油汽车，成为人见人爱的主流车型。

1

汽油车和柴油车

用汽油或柴油作为燃料来驱动行驶的车辆。

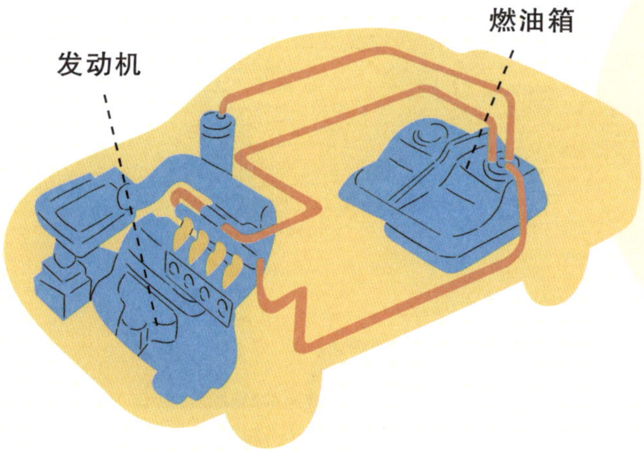

2

油电混合动力车

油电混合动力车是在传统燃油车的基础上，增加了电动机、动力电池等装置。相较于传统的燃油汽车，油电混合动力车更经济、更环保。

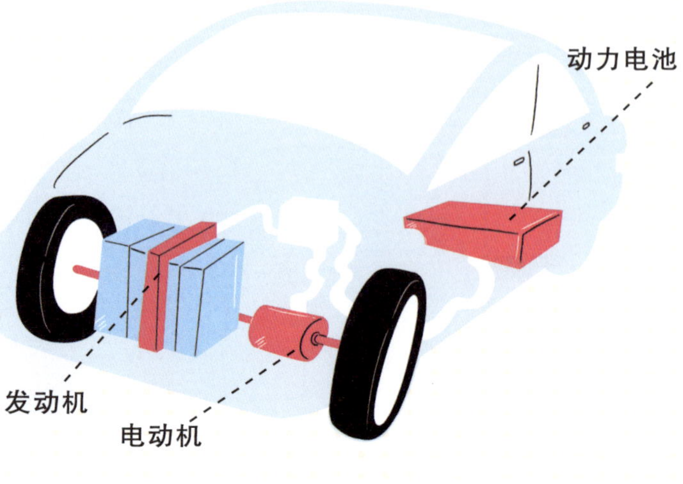

3

插电式混合动力车

插电式混合动力车装有发动机和锂电池，主要使用外接电源给车辆充电。车辆在行驶时，优先选择电能驱动，只有当电池电量耗尽时才会启动发动机驱动车辆继续行驶。

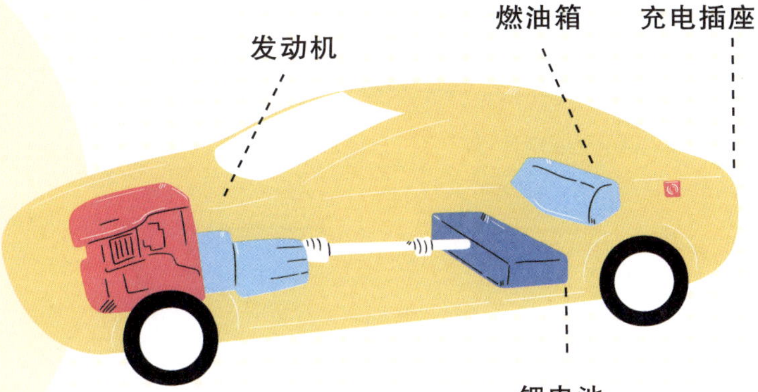

4

纯电动车

纯电动车是指完全由可充电电池提供动力，用电机驱动车轮行驶的车辆。

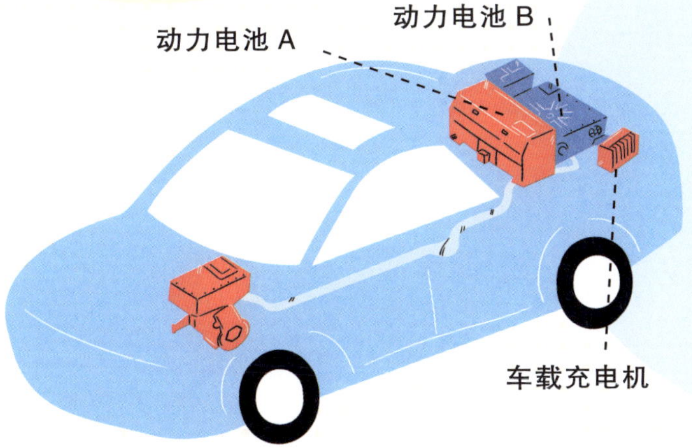

5

太阳能汽车

太阳能汽车属于纯电动车，它利用太阳能电池板将光能转化为电能，电能带动发动机，驱动车辆行驶。

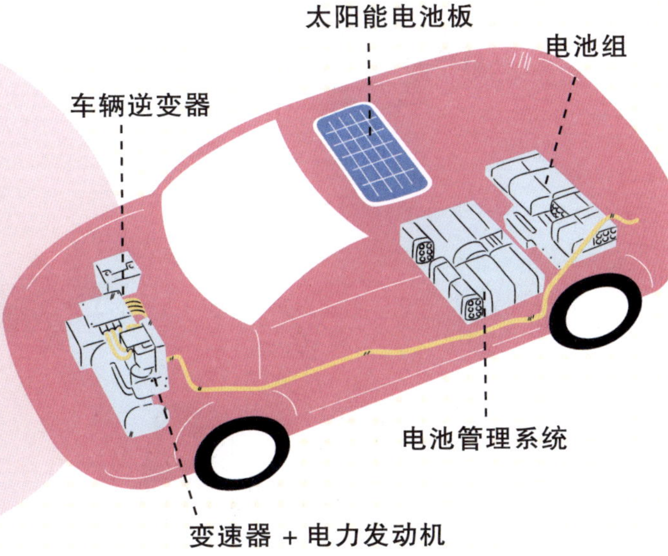

汽车的安全保护装置

汽车在行驶过程中偶尔会发生意外，不用怕，车内的安全保护装置会保护我们的。你知道安全保护装置都有哪些吗？牢记它们的位置，在乘车时就会更安全。

三点式安全带

三点式安全带，顾名思义就是有三个固定点的安全带。它是1959 年由美国沃尔沃公司的设计师尼尔斯·博林发明的，是目前应用范围最广的安全带。

错误!

如果不系安全带，当汽车发生碰撞时，车内人员可能会被巨大的冲击力甩出窗外。

正确！

如果系了安全带，当汽车发生碰撞或紧急刹车时，安全带会自动拉紧，保护车内人员的安全。

安全气囊

安全气囊必须与安全带配合使用。据统计，安全气囊可使驾驶员和乘客头部受伤率降低 25%。

后向式安全座椅

后向式安全座椅是专门为 9 公斤以下的婴幼儿设计的汽车安全座椅。当汽车发生碰撞时，它可以保护好婴幼儿的头颈，减弱刹车时的强大冲力。

三点式安全带发明者
尼尔斯·博林

克克罗时间

三点式安全带的发明，是对行车安全非常重要的贡献。沃尔沃公司还把安全带发明专利免费开放，以推广这项保护生命的发明。

汽车的后视镜和倒车影像

汽车的后视镜让驾驶员在驾驶位上就能直接观察到汽车后方、侧后方的交通情况，而且，为了提升安全性，有些汽车还安装了 360 度全景影像。驾驶员安稳地坐在车内，就能看到四周的情况，所以心里一点儿也不用慌张。

1 汽车的内后视镜

汽车的内后视镜反映的是汽车后方及车内的情况，避免盲区造成安全隐患。

2 汽车的外后视镜

汽车的外后视镜反映的是汽车侧后方的情况。外后视镜通常使用凸面镜（也叫广角镜），用来扩大可视范围。

3 360 度全景影像

汽车安装了 4 个广角摄像头，其视场能覆盖车辆周围所有的角度。

360 度全景影像便于驾驶员通过车载显示屏察看汽车四周的情况，了解车辆周边视线盲区，并安全地停泊车辆。

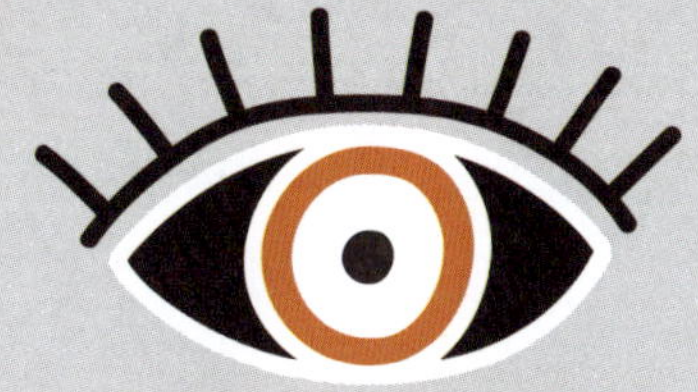

汽车的空调系统

为了提高车内人员乘车的舒适度，汽车还装配了空调系统。这样，一年四季坐在车里都是舒舒服服的。汽车的空调系统是什么？它是怎么工作的呢？

汽车的空调系统

汽车空调系统可以调节车内的温度，也可以净化车内的空气，为车内人员提供舒适的乘车环境。

现代汽车空调系统由制冷装置、供暖系统、通风装置和空气净化系统组成。

汽车空调系统的工作原理

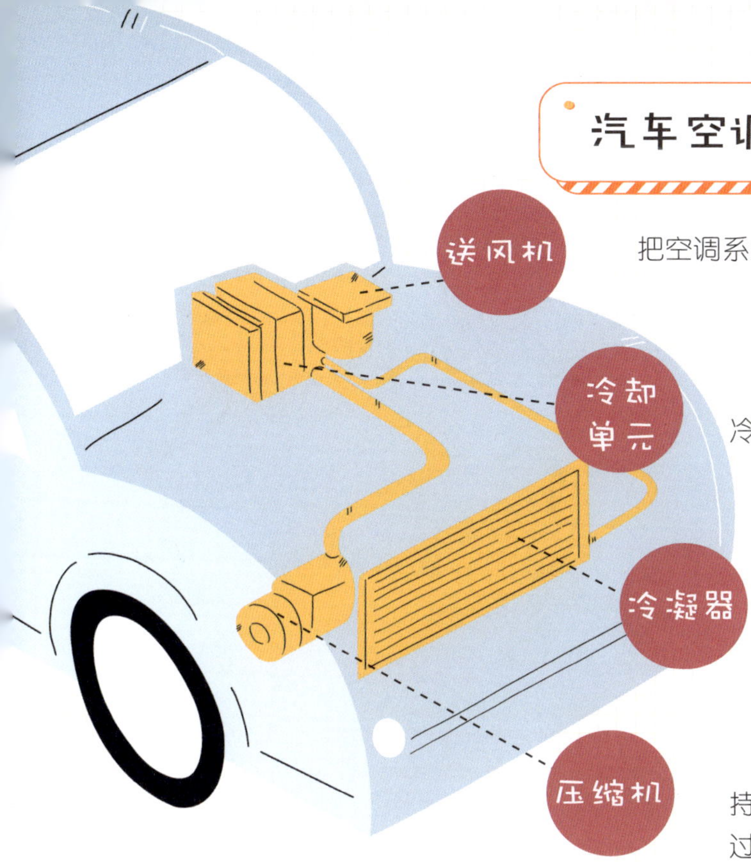

把空调系统加工过的空气“吹”出来。

车内的空气在这里被制冷剂冷却。

即散热器，为空调装置散热。

是制冷剂循环的“发动机”，持续不断地完成从吸热到放热的过程。

克克罗时间

电动汽车和燃油汽车的空调系统有什么不同呢？电动汽车作为新能源车，与燃油汽车最大的区别就是没有燃油发动机。燃油汽车的空调系统是由燃油发动机带动工作的，而电动汽车的空调系统是靠电加热空调辅助系统带动工作的。有了电加热空调辅助系统，电动汽车就可以和燃油汽车一样使用空调了。

汽车是怎么做出来的？

汽车冲压生产线

将金属块加工成所需形状的金属板，经过拉伸、使其弯曲，在进行冲压，将其变成车身所需的零部件。

汽车焊接生产线

这些零部件由全自动的机械焊接手臂逐一焊接在一起，制成车身。

汽车喷漆生产线

焊接好的车身经过清洗和防锈处理后，才能进行喷漆。喷漆后的车身就像穿上了一层保护衣。

汽车有一套非常完备的流水生产线，从安装到出厂，完全是“一条龙”服务！看完后，你就知道一辆汽车是如何被生产出来的了！

汽车组装生产线

组装生产线上的技工及辅助设备会把发动机、座椅、车门、轮胎以及其他各种汽车零部件安装在车身固定位置，组装成一辆完整的汽车。

汽车检验生产线

组装完成的汽车会进入检验生产线，进行全方位的测试。之后，全新的汽车就可以出厂了。

给汽车“治病”和“体检”

人会生病，汽车行驶了一定的里程后，也会生病。生病的汽车就需要进行维护和保养，这样，它的各个零部件才能一直保持良好的性能，使用寿命也会延长。

汽车维修

故障汽车 1

由于车辆的使用时间和驾驶条件不同，汽车内部的零部件会出现磨损、老化和腐蚀等情况，严重的话，车辆根本没办法正常行驶。

故障汽车送检 2

故障车辆要送到汽车修理厂。汽车修理厂的维修技师会对汽车进行全面检查。

故障汽车维修 3

维修技师会对有问题的零部件进行维修或更换。完成维修的汽车就可以重新上路行驶了。

汽车保养

1 检查及清理发动机

发动机是汽车的动力来源，汽车保养最重要的就是检查并定期保养发动机。

2 更换机油

机油能减少发动机运行时各个零部件之间产生的摩擦，所以在行驶一段里程后，要更换机油保护发动机。

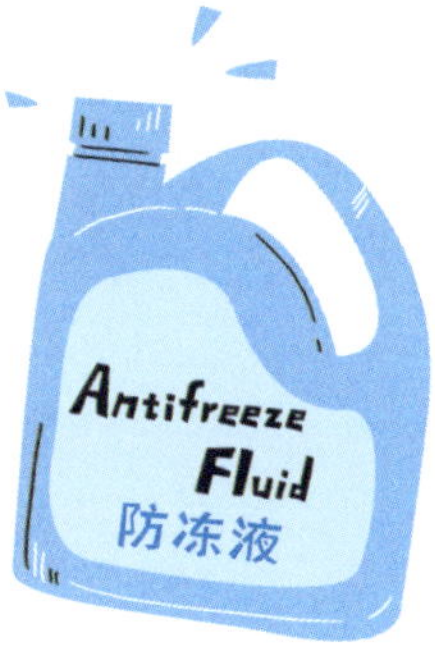

3 更换防冻液

防冻液有散热、防冻、防锈、防腐的作用，因为防冻液有保质期，所以要定期更换。

4 保养轮胎

保养轮胎最重要的是检查胎压，其次还要检查轮胎的磨损程度，保证行驶安全。

5 保养蓄电池

蓄电池的作用是保证车辆的正常启动和行驶，定期保养可以延长蓄电池的寿命。

6 保养车身

对车身进行补漆、打蜡等，使其焕然一新。

开不了的汽车都去哪儿了？

汽车在到达报废年限或者满足报废条件后是不能再上路的，需要送到国家规定的报废车回收公司进行报废回收处理。

将回收的报废汽车拆解完后，分为两部分处理，一部分是可循环利用的，一部分是不可循环利用的。它们的用途不一样，要去的地方也不一样。

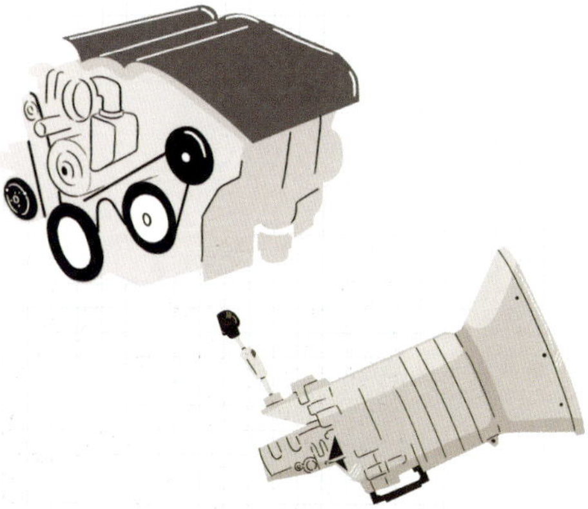

可循环利用

报废汽车的发动机、方向机、变速器、前后桥、车架符合再制造条件的，可以按照国家有关规定卖给具有再制造能力的企业，循环利用。其他零部件符合强制性国家标准，能够继续使用的，也可以出售，但应当标明“报废机动车回用件”。

不可循环利用

报废汽车的发动机、方向机、变速器、前后桥、车架不符合再制造条件的，应当交给钢铁企业作为冶炼原料。

可回收再利用

用废弃轮胎磨成的胶粉可以用来生产很多产品呢！下面这些物品都是用胶粉做成的。

飞机跑道

橡胶地面

再生胶

橡胶跑道

高速铁路

汽车轮胎

克克罗时间

私家车应当按时进行安全技术检验。6 年内免检，6—10 年内每 2 年检一次，10—15 年每年检一次，15 年以上每半年检一次，只要年检通过就可以继续行驶。

漫画故事

中国第一辆国产轿车

1949 年 10 月 1 日，中华人民共和国成立了！

建国后，中国开始大力发展重工业。第一汽车制造厂于 1953 年在吉林省长春市动工兴建。

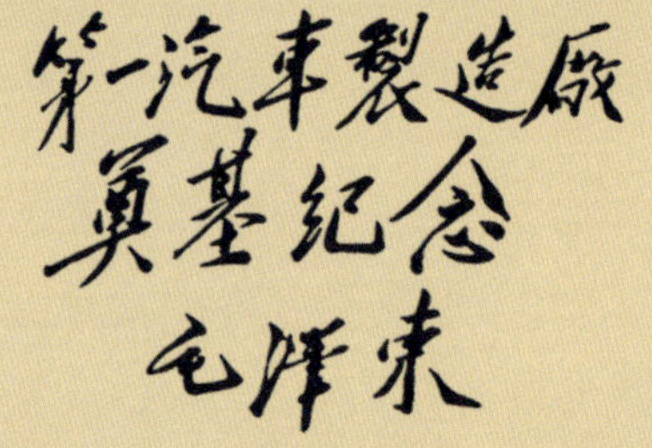

1957 年，中国第一机械工业部向“一汽”下达了研制国产轿车的任务，为了国产轿车的梦想，“一汽”工程师们夜以继日地工作着。

经过几番商讨，他们决定以线条简洁的法国西姆卡 · 维迪娣为参考车型。

参考车型定下来后，工程师们以奔驰 190 的发动机为模板设计了发动机，但变速器和车型外壳都是“一汽”自主设计的。

1958 年 5 月 12 日，极具中国特色的第一辆国产轿车诞生了，该车代号为 CA71，被命名为“东风”，车头镶有金龙腾飞标志，车头两侧有由毛泽东书写的“中国第一汽车制造厂”字样。

东风 CA71 诞生不到一个半月，“一汽”的工程师们仅用了 33 天又研制出第一辆国产高级轿车的样车——红旗 CA72-1E。

第一辆红旗样车研制成功后，“一汽”又接到中央下达的任务——制造检阅车，用于 1959 年的国庆 10 周年阅兵仪式。于是，他们又开始研制红旗敞篷阅兵车。

终于，在 1959 年中华人民共和国成立 10 周年国庆大典上，6 辆红旗高级轿车和 2 辆红旗敞篷阅兵车齐齐亮相。

各种类型的汽车“代表”，集合啦！

汽车从诞生到现在，经历了二百多年的历史，先后出现了许许多多的种类，不同种类的汽车用途也不一样，比如用于比赛的赛车、用于灭火救援的消防车等。瞧，在下面的汽车展览会上，它们都神气地登场了。

公交车

公交车是最常见的公共交通运输工具，设置多个座位，普遍为单层，也有双层的。

轿车

载 7 人及以下的小型汽车，主要是家庭用车和公务用车。

救护车

专门用于救助病人的汽车，一般会装备警示灯、警报器，以及用于抢救病人的医疗设施。

在生活中，我们只要多留心，就会发现身边有许多不同类型的汽车，比如工程机械车、环卫清扫车和重型运输车等。

消防车

专门用于灭火救援的汽车，一般会装备警示灯、警报器以及大量的灭火救援设备。

方程式赛车

专门用于参加方程式比赛的汽车，是专门定制的，具有底盘低、速度快等特点。

转播车

专门用于电视节目录制、转播和采集新闻的汽车，一般会装备可以传输信号、图像的设备。

这些汽车有点儿酷！

汽车给我们带来了便捷、快乐的生活，对车辆的探索体现了人类的梦想与追求。在将来，随着科技的进步，汽车无论是外形还是性能都会发生很大的变化。

飞行汽车

既可以在路面行驶，又可以飞行，使用油电混合动力。

变色车

可以根据喜好、心情以及外界环境，随意变换车体颜色及图案。

两栖车

既可以在陆地上行驶，又可以像船一样在水上行驶，多用于军事和救援等领域。

无人驾驶车

不需要驾驶员，可以通过一些感应装置来感知道路环境，自动规划行车路线，控制车辆到达目的地。

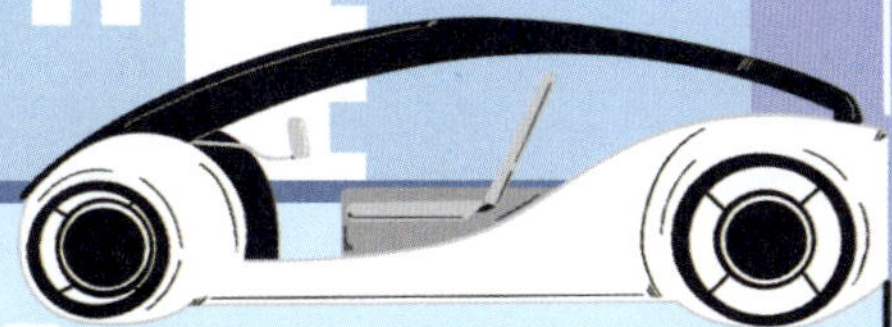

变形车

可以根据车流情况及路况自动调整车身形状和通过方式。这样的车在高速公路上一定非常受欢迎。

克克罗时间

汽车的发展方向以新能源为主，例如风能、太阳能等，可以减轻环境污染，降低生产成本；同时向无人驾驶方向发展，也会与 AI（人工智能）技术相结合，为驾乘者提供更加丰富、智能、环保的出行体验。

图书在版编目（CIP）数据

这就是汽车 / 上尚印像编绘. -- 长春 : 吉林出版集团股份有限公司, 2021.4（2023.4重印）
（机械里的科学课）
ISBN 978-7-5581-9841-0

Ⅰ. ①这… Ⅱ. ①上… Ⅲ. ①汽车—儿童读物 Ⅳ. ①U469-49

中国版本图书馆CIP数据核字(2021)第043963号

ZHE JIU SHI QICHE

这就是汽车

编　　绘：上尚印像
责任编辑：袁　丁
封面设计：上尚印像
营销总监：鲁　琦
出　　版：吉林出版集团股份有限公司
发　　行：吉林出版集团青少年书刊发行有限公司
地　　址：长春市福祉大路5788号
邮政编码：130118
电　　话：0431-81629808
印　　刷：天津睿和印艺科技有限公司
版　　次：2021年4月第1版
印　　次：2023年4月第15次印刷
开　　本：720mm×1000mm　1/16
印　　张：3
字　　数：60千字
书　　号：ISBN 978-7-5581-9841-0
定　　价：20.00元